AF449781

Oracolo 
della
Legge dell'
Attrazione

Grete Stars

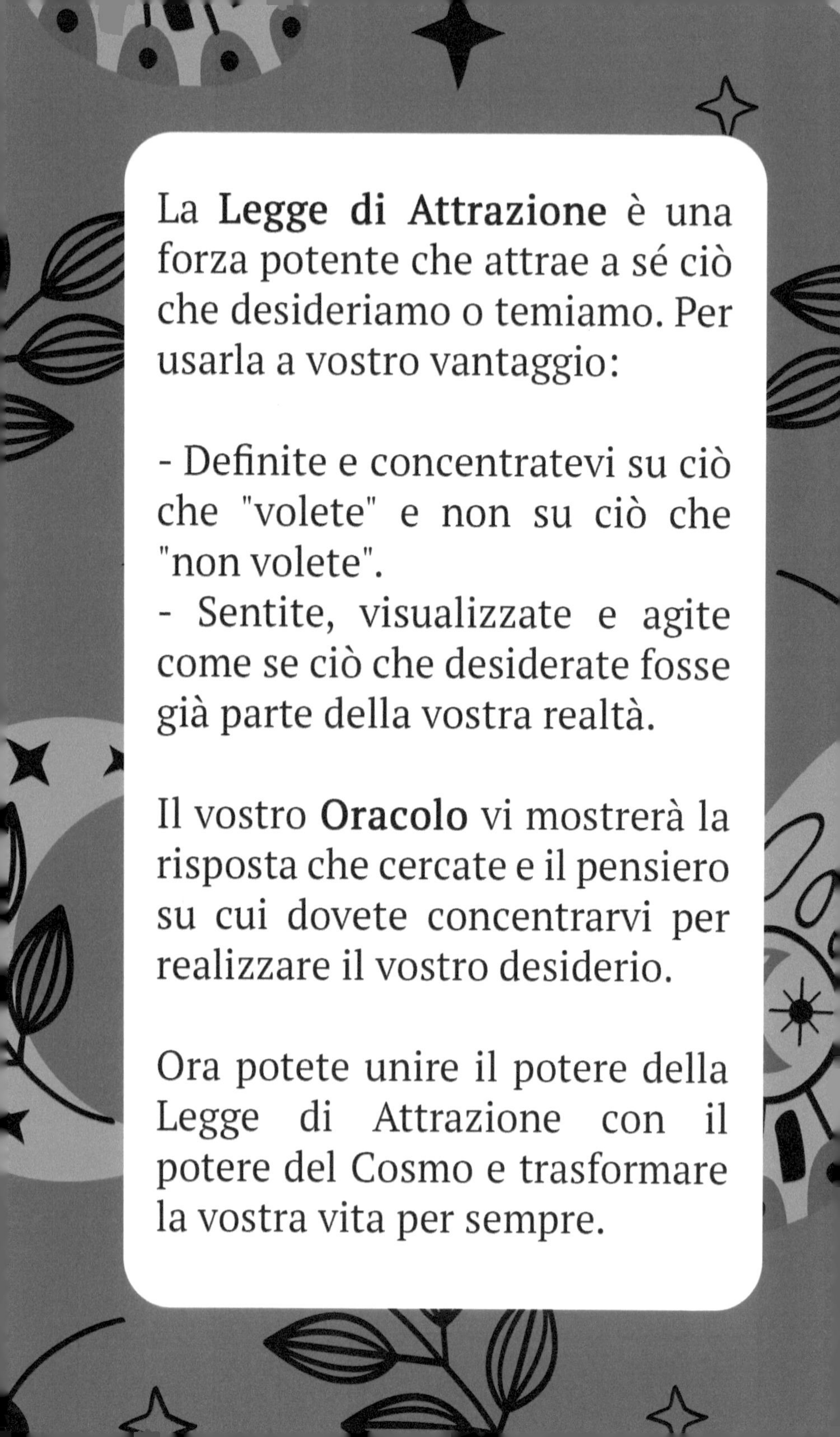

La **Legge di Attrazione** è una forza potente che attrae a sé ciò che desideriamo o temiamo. Per usarla a vostro vantaggio:

- Definite e concentratevi su ciò che "volete" e non su ciò che "non volete".
- Sentite, visualizzate e agite come se ciò che desiderate fosse già parte della vostra realtà.

Il vostro **Oracolo** vi mostrerà la risposta che cercate e il pensiero su cui dovete concentrarvi per realizzare il vostro desiderio.

Ora potete unire il potere della Legge di Attrazione con il potere del Cosmo e trasformare la vostra vita per sempre.

Come usare questo libro?
Ci sono due semplici modi per estrarre l'Oracolo della Legge di Attrazione.
Entrambi iniziano con un momento di riflessione e di calma in cui ci si pone una domanda. Fate un respiro profondo e procedete con una di queste due azioni:

- Prendere il libro e aprire a caso una qualsiasi delle sue pagine. La risposta (e la riflessione corrispondente) sarà davanti a voi.

- Aprite il libro alla pagina successiva e, a occhi chiusi, lasciate che il vostro dito selezioni un numero, poi girate alla pagina con lo stesso numero. La risposta vi sarà mostrata.

37
29
2
31
15
11
22
8
5
40
33
17
28
25
12
14
26
19
36
39

Concentratevi su dove volete andare, non su ciò che temete.

Prendo coscienza dei miei pensieri e li scelgo con cura, perché Io sono il capolavoro della mia vita.

1

Se non riuscite a smettere di pensare a qualcosa, non smettete di lavorarci.

Tutto ciò che semino nel mio subconscio e nutro con ripetizioni ed emozioni, un giorno diventerà realtà.

2

Siete destinati a cime più belle. Lasciate correre.

La ricchezza non è ciò
che ho.
È ciò che sono.

*È semplice:
basta che
si realizzi.*

Faccio il primo passo con fede. Non mi preoccupo se non riesco a vedere la scala, faccio solo il primo passo.

Non accontentatevi di ciò che vi serve, lottate per ciò che vi meritate.

Permetto all'abbondanza dell'Universo di piovere su di me.

Dovete fare ciò che pensate di non poter fare.

Io sono l'energia che voglio attrarre.

L'intero Universo lavora a
mio favore, devo solo
crederci.

La vita vi darà tutto ciò che pensate di meritare.

Tutto ciò che cerco mi sta cercando.

In voi c'è qualcosa di cui il mondo ha bisogno. Andate avanti senza esitazioni.

Scelgo di essere positivo. Ho questa possibilità di scelta, sono io il padrone del mio atteggiamento. L'ottimismo è ciò che mi guida verso il successo.

I tempi non sono propizi all'azione, ma alla meditazione profonda.

La vibrazione dei miei pensieri e delle mie emozioni crea la mia realtà.

Un viaggio di diecimila chilometri inizia con un solo passo. Fate quel passo adesso.

Se lo vedo nella mia mente, lo avrò tra le mani.

*Fate oggi
qualcosa per cui il
vostro futuro vi
ringrazierà.
Sapete già qual è.*

Tutto ciò che voglio è là
fuori e aspetta che io lo
richieda.
Anche tutto ciò che voglio
mi sta cercando.
Devo solo agire
per ottenerlo.

12

Se volete ottenere risultati diversi, non fate sempre la stessa cosa.

Ciò che sono è ciò che sono stato.
Chi sarò è ciò che faccio ora.

La calma perseveranza porterà al successo.

Qualsiasi idea, piano o proposito può essere inserito nella mente attraverso la ripetizione del pensiero.

Se la montagna che state scalando vi sembra sempre più imponente, significa che la vetta è sempre più vicina.

Chi desidera il successo deve sempre avere l'immaginazione di vivere, muoversi, pensare e agire come se se lo fosse guadagnato, altrimenti non lo guadagnerà mai.

Visualizzate l'obiettivo con tutto il vostro essere e agite entro 3 giorni.

Non c'è limite a ciò che la Legge di Attrazione può fare per me, se oso credere nel mio ideale come un fatto già realizzato.

Nessuna vita è completa senza un tocco di follia. È arrivato il momento di correre un rischio.

Vado alla ricerca della mia felicità e l'Universo aprirà le porte dove c'erano i muri.

Chi pensa a lungo prima di fare un passo, passerà tutta la vita su un piede solo.

Ho fede.
Credo nell'invisibile.

18

*Chi non crede
nella magia non
la troverà mai.*

Attraverso il pensiero, mi
arriva ciò che desidero.
Con l'azione, lo riceverò.

Vi aspettano maggiori successi. La risposta è NO.

La natura non ha fretta,
ma realizza tutto.

20

Le difficoltà non esistono per farvi rinunciare, ma per rendervi più forti.

Tutti noi possediamo più potere e più possibilità di quanto non ci rendiamo conto.
Visualizzarle è uno dei più grandi poteri che abbiamo.

Se non ci sono cambiamenti, non usciranno farfalle.

Ciò a cui resisti,
persiste.

22

Quando è stata l'ultima volta che avete fatto qualcosa per la prima volta? Uscire dai sentieri battuti.

Tutto ciò che la mia mente può concepire, posso realizzarlo.

No.
Puntate su un altro obiettivo.

I miei pensieri mi portano ai miei propositi.
I miei propositi mi portano alle mie azioni.
Le mie azioni portano alle mie abitudini.
Le mie abitudini determinano il mio carattere e il mio carattere determina il mio destino.

È propizio andare avanti nonostante le difficoltà.

La mia vita è nelle mie mani. Non importa dove mi trovo ora, non importa cosa sia successo nella mia vita, posso iniziare a scegliere consapevolmente i miei pensieri e posso cambiare la mia vita.

Non cercate il momento perfetto, cercate il momento e rendetelo perfetto.

Se ci credete, lo creerete.

Il vostro miglior insegnante è il vostro più grande errore. La risposta è nel passato.

La chiave dell'abbondanza è affrontare le esperienze limitanti con pensieri senza limiti.

27

Se non ora, quando?

Ringrazio per tutto ciò che ricevo, per tutti i doni che entrano nella mia vita.

*Se ci sono dubbi,
non è consigliabile
andare avanti.*

Sono una persona di
successo e prospera e tutto
l'Universo mi sostiene.

Il momento più spaventoso è sempre quello che precede l'inizio. Vai avanti.

Tutto arriva nella mia vita al momento giusto. Tutto arriva per la mia più grande benedizione.

30

Sembra impossibile finché non viene realizzato.

Lo merito, lo benedico, lo accolgo a braccia aperte e mi preparo a riceverne ancora.

Non si può giocare a fare Dio senza conoscere bene il diavolo. È tempo di riflettere.

Sono un magnete che attrae felicità, amore, salute e prosperità.

Fate il primo passo.

Mi merito tutte le cose meravigliose che accadono nella mia vita, ne sono grato e me le godo.

In caso di dubbio, spegnete il rumore e ascoltate il vostro cuore.

L'amore è in me e in ogni persona che mi circonda, in ogni persona con cui parlo e in ogni persona con cui vengo in contatto o stabilisco una relazione.

34

YES
NO

Se si giudica, non si può amare. Fiducia negli altri.

La ricchezza dell'Universo
è infinita e si manifesta
ogni giorno nella mia
vita.

35

Voi siete ciò che fate, non ciò che dite di voler fare. La risposta è si.

Il mio mondo interiore cresce, le mie visualizzazioni di prosperità sono chiare e le mie emozioni vibrano alle più alte frequenze.

Tutto ciò di cui avete bisogno per essere felici si trova dall'altra parte delle vostre paure.

Provo gioia, felicità, allegria, pace, sono certo che i miei desideri sono in linea con l'Universo.

Non è necessario essere grandi per iniziare.
Ma per essere grandi bisogna iniziare.

Ho uno spirito allegro e felice, tutte le porte sono aperte per me.

38

Non tutto ciò che sembra esserlo, lo è.
Cautela.

Ringrazio tutte le persone che mi insegnano qualcosa e arricchiscono la mia vita.

39

Il pessimista vede difficoltà in ogni opportunità. L'ottimista vede opportunità in ogni difficoltà. Chi volete essere?

Ogni giorno creo la mia vita, decido il mio scopo e disegno la missione per il mio mondo e per l'Universo.

40

NOTE

NOTE

NOTE

NOTE